天使の村に迷い込んで

北川洋子

冬花社

天使の村に迷い込んで

北川洋子

天使の村に迷い込んで

＊文中の施設名、人名は仮名です

カバー絵　著者

装幀　小沼宏之

1

八十三歳。

娘と孫が小さなショートケーキと熱い紅茶で誕生日を祝ってくれる。

「おめでとう。八十三歳ってどんな気分なの？」大学生の孝一は近頃急にめかし始めて、女の友達を中心に世界が回っている様子。

「今のあんたの気分と全然変わらないよ。」

八月の蝉が、三十六度という狂瀾の熱風をジージーと掻きまわすそばから、水飴のように重い湿気がその鳴き声を閉じ込めて行く。

「私の十代のころはこんな馬鹿みたいな暑さはなかったけど、気分は十九でも八十三でもおんなじだわねぇ。」

「強がりを言って。」と孝一の目が笑っている。

ほんと、身の回りに押し寄せる事件や、関係する人たちの種類や扱いは多少変わって、恋をしかけられることもないけれど、体の芯を流れる川の音はいつもおんなじだなぁと思っている。

「あんたの十歳と十九歳では全く違う心持ちなの？　まぁ十歳はまだ人として無明の時代だから違うかぁ。十五歳と十九歳じゃぁ別人格になってる？」


そうだ。十歳の時の気分を思い出した。

混んだ電車の中。母に何か言われてちょっと拗ねて立っていた。

何を叱られたかはすっかり忘れたが、「大人だからって子供の気持ちを理解しないのはいけない。私が大人になったらこんな間違いはしまい。」と私の十歳の心が呟いていた。

周囲に群がる大人、他人たちをきつい目で排斥して頑として立つ「私」を意識する気分は、八十三歳の私の中心にそのままずっと居座っている。

私の問いかけに、孝一も半分くらいは納得した様子。

あのころの住まいは二方か三方を窓や縁側で開放して、冷房は無くても夏の風が家じゅうを賑やかしながらはしゃいでいた。

三十度をちょっと下回るくらいの熱気は扇風機やうちわで追い払ってやれば、むこうから遠慮して退散した。

ところが今は、私の家も、徒歩で三分ほど離れる娘のところも、うすばかげろう一匹よろよろ這いこむ隙もないマンションだから、季節の変化が忍び込むことを許さない。

猛暑の夏も嵐の秋も何ひとつ変らない。

昔は嵐が来るとわかれば、父が急いで会社から帰ってきて、ガタガタ鳴り騒ぐ雨戸を支えるしんばり棒を五寸釘で打ち付けたり、縄で飛ばないように縛ったりした。

まるでお祭り前夜の興奮で、嵐でさえそれは楽しかったものだ。

それもつい先夜かと思っているうちに半世紀以上も経ったとはさすがにちょっと驚く。

だが若い日の私に、今の私の日常に居座る「死」とか老いの峰に登る不安がなかったかというと、そんなことはない。

不安の実態は必ず最後に訪れる「死」というものか。あるいは若い日から茫々と広がる自分の将来に対する怖れか。わあとはっきりさせることから逃げてきた。

しかし意識が芽生えたころからシーンと脊髄の中心に居座るこの冷たいものはなんだ。

その冷たさが指を伝って周りに広がる。

その冷たさは外の世界の色つやを凍りつかせながら、いつも向きを変えて目の奥に流れ帰ってくる。

十歳の時、十九歳の時、八十三歳の時、どこが変わるのか。

ただ変わるとすればその冷たさの芯のところが、年齢を経るにしたがって少しづつ輪郭がはっきりしてきたということかもしれない。


小さな会社の社長だった。

創業者である父の後を継いで、楽しんで仕事をしていた。

オーナー社長に停年などないのだが、いくら何でも年を取りすぎたと自分も納得し、周囲も認めたので、七十五歳で社長の座を降りて閑職になった。

そして、仕事量がもうしわけ程度になってからは、自分の命のスケジュールの筏は自分で組み立てないと、命の果てへと押し寄せる時間の波に巻き込まれ、流されて、溺れてしまいそうになることに気付いた。

これは予期していなかった非常事態だ。

足元の水量がせり上がって来て、外部から持ち込まれる出会いやイベントの入っている荷物の底を濡らし溶かしては流し去ってしまうのだ。

これを指をくわえて見ているわけにはいかない。

五年ごとに自分の生活袋に詰め込む荷物を自分で調達しては、背負っていく量を維持することにした。

自分一人でできる楽しみを無理やりひとつひとつ加えて行く。

ローカル線に乗っての小旅行。期間限定で恋愛もどきの交際。戸外でのスケッチ。小説めいた作文。

それに合わせて生活のリズムや外見も変えて行く。というか変わって行くというべきか。

スーツなどはめったに着ないで、ジーンズやスニーカーで通す。

白髪染めをバッサリやめて、自然のままにした。見事な白髪になった。

もともと自我は弱くない方だったが、ますます自分本位に我儘に暮らす。

いやなものはあくまで口に出して拒絶する。随分頑張って生きている。

ところが足元の水嵩はどんどん勢いを増してくるので、八十歳を越えてからは五年ごとの荷物の増量では追いつかなくなって来た。

そこで三年変化にすることに決める。

年寄りの一番の病因は「退屈」と「孤独」だと思うので、ビリヤードレッスンを始める。

若い先生がお世辞でほめてくれるので、かろうじてひび割れだらけの「命の堰」がくずれるのを両手で押し返す力を得る。

しかし、仕事人間で張り切っていたあの頃の充実感を取り戻すには、単なるおたのしみでは力不足になって来た。

何か「社会に役立つ」とは言わないまでも「社会に嫌がられない仕事」はないものかと探す。

なかなか八十歳を越えての仕事募集はないものだ。

そんな時だ。最寄りの駅から買い物しての帰り道、特別養護老人ホーム「花の里ホーム」の入り口で、「ボランティア募集」の張り紙を見つけた。

条件は「散歩」とか「芸事を教える」など並んでいて、足元の覚束ない、多芸無能の私には向かないが、最後に「傾聴」とあるのを見つけた嬉しさ。

幸い耳は遠くないし、私の最大の武器が「口から出まかせおしゃべり」だから、すぐに飛び込んだ。

昔から行動は早くて、動いた後から考えたり、後悔したりする習癖がある。

それでも所長さんと面会し、その日のうちに実際のスケジュールが組めたので、八十歳を三年過ぎた日々のイベント枠が塞がった。やれやれ。

老人になって行くことは「時間さま」の勝手だが、元気でいる限り、「老人をする」というのも若い時には知らなかった力仕事だ。

毎週一回、午前中二時間、「花の里ホーム」に入所している人たちと「お話し合い」をすることに決まった。

2

「花の里ホーム」を訪ねる日は心が弾む。

訪ね始めて三月にもなると少し勝手もわかってきて、今日はだれを訪ねようかという心積りも出来てくる。

「はなの里ホーム」は中央のエレベーター通路を挟んで南北に二ブロックずつあり、それぞれに美しい花の名前がつけられている。

各ブロックとも明るい陽光を取り込んだ中央に大テーブルのあるリビングや介護士さん達の立ち働く水場、浴室、トイレがあり、壁際に個室を十二程抱えて、いつも清潔に整えられている。

食事以外は個室にずっと引きこもっている人や、ちゃんと身支度をして中央のリビングに座っている人、ソファに陣取って一日中見るともなく壁の大テレビ画面を眺めている人……、何回も通う内に、少しそれぞれの人たちの生活様式が呑み込めるようになって来た。私が隣に小椅子を持ち込んで相手をしようと目論むのは、中央の大テーブルに静かに着いている人。そして時々は介護士さんから紹介があれば個室に迄すべり込んでも訪問を許してくれる人だ。


「すみれ」と書かれた薄紫に縁取りされた額が入口にかかっている。

入り口のガラス越しに覗き込むと中央のリビングで山本ゆき子さんがお茶を飲んでいた。左手に抱え込んだお茶は介護士さんの計らいで、噎せないようにとろみがつけてある。お茶をスプーンで飲むという難しい作業中の彼女を驚かさないように、正面からゆっくり近づいて、「ゆき子さーん」と声をかける。

ニマーと大きく口を開けて笑ってくれる。

彼女の口元は歯がすべて失われていて、ローズ色の花が咲いたようにみずみずしい。

「おはようございます。北川です。また遊びに来ちゃった。ゆき子さんご機嫌いかがですか?」

またニマーと笑ってくれる。

最近の私には、ゆき子さんのようにこんなに機嫌よく大きく口を開けて笑った日があったろうか。

「花の里ホーム」を訪ね始めて、たくさんの邪魔な記憶を捨ててしまった人たちが、自分の名前だけは絶対に忘れていないことに気付いた。

「ゆき子さーん」、「みな子さーん」、「汀子さーん」。

その呼びかけだけで彼女たちのだれもが、気まぐれにやって来るうさん臭い私を気安く彼女たちの心のふるさとに招き入れてくれる。

「お年は?」、「お孫さんのお名前は?」、「どこに住んでいらしたの?」、「旦那さんは何の仕事をしていらっしゃったの?」。

ボランティアを始めたばかりのころは、そういう呼びかけが彼女たちに近づく早道と考えていた愚かしさ。過去のことを忘れてしまっている彼女たちと心を合わせるには、ただ一言、名前を呼ぶだけでいいのだ。

そのことは私自身とうに気づいていた筈なのに、やはり邪魔な知識をたくさん身にまとってしまうと、人間の属性は職業とか、過去の住まいや家族との絡みで定められるなどと間違ってしまうのだ。

会社に在籍中、仕事の一つが認められてメディアに取り上げられたことがある。インタビューに来た雑誌記者が色紙を差し出して、「何か一番大切な言葉、あるいは座右の銘を書け」と言う。

とっさに心が決まって色紙の真ん中に「洋子」と自分の名前を大きく書いた。

「何故ですか？」

「だって名前だけが私を私たらしめている言葉で、そこんところがぼやけちゃったらねぇ。その他の言葉は何を持って来ても『洋子』に振り掛けるだしみたいなもんでしょ。」

説明もいい加減だし、別にわかってもらう必要もない気持ちだった。

「A金属の社長さんもご自分の名前をお書きになりましたよ。苗字もですけどね。『両親から貰った大事な姓名に感謝をこめて』とおっしゃっていました。」

やはり同じ社長シリーズで取り上げられた男性らしい。

私の意味するところとは違うかなと思ったが、そこで人間の本質論を振り回すのも気恥ずかしくて、黙っていた。

そのことについて、今まで誰に話してもわかってもらえまいと口にしたこともなかったのに、「花の里ホーム」の人たちにはよく通じて、久しぶりに花丸を貰った気がして嬉しい。

「ゆき子さん」、「汀子さん」と呼びかけると皆の目の奥がキラキラとする。

普段はぼんやり眠った風の人たちが、自分の名前の旗をかざしてすっくと立ち上がる気配を感じる。

もう一つ気付いたことがある。

「名前」がその人を輝かせるのは女性に限っていることだ。

苗字は結婚した時にカラリと変わる上に、親類、家族、友人からもその苗字をもって彼女のステータス、価値を認められなくなっているのが昭和世代の日本の女の宿命だ。

「おい」、「母さん」、「ケンちゃんのママ」、「山本さんの奥さん」……。

種々な呼ばれ方をしてきたが、唯一、誰にも侵させないで自分の胸の奥に抱え込んで来たのが、「ゆき子さん」、「汀子さん」だ。

一番大切な彼女たちの宝物を認める私に向かって、彼女たちはニマーと笑いかけるのだ。

そしてまだまだ未熟ボランティアである私を、彼女たちのふるさとのほんの縁先までだが招き入れてくれる。

いつかは美しい名前を手掛かりに、彼女らの座敷の奥まで招かれてみたいと思うばかり。

子供の名前も、夫の顔も、自分の年齢も無用になった時、呼びかけられる自分の名前。物心ついた時から大人たちや幼い友達、兄弟姉妹に、愛しい人としてその名前を呼びかけられて育ってきたのだ。世界中がその名前に愛情をこめて自分に与えられていたように感じて生きていた日々があったのだ。

自分の命の真ん中の心棒は、正にその名前そのものにとって替って行ったのだ。

「そうよ。私は『洋子』なの」と手を叩きたくなる。

ところが男性の場合は少し違う。

「山田さん」、「大本さん」と苗字が名前より幅を効かせているばかりか、「先生」とか「部長さん」と呼びかける方が心が動くようだ。

年老いてすっかり幼児のように無垢になった女たちが、自分の名前を書いて日向に敷き伸べた「花ござ」みたいな懐かしいふるさと。

その温かい「花ござ」を男たちは「先生」や「部長さん」をやっているうちにどこかに丸め込んですっかり失くしてしまったのだろう。

3

「ねぇ　ここに来て　座ってよ。」、「ねぇ　ここに来て　座ってよ。」女の人と見ると、一雄さんは自分の膝を叩いては真剣に誘って、大声を出す。

もう自分が誰であるかもおぼろになっているようなのに、ちょうど水が張ればしおどしがトーンとなるように、女の人が傍に来るとそれに反応して声を上げる。

「ねぇ　ここに来て　座ってよ。」


不意に二十年以上も前に姑が亡くなった時の光景を思い出す。

三年近く寝たきりのまま特養ホームで過ごした姑が、やっとベッドから解放されて、「安らぎの国」に旅立とうとしていた。

義母のベッドは四人部屋の一隅で、夫やその姉妹が姑を取り囲んで、「お母さん」、「お母さん」と交互に声をかける。

長かったつらい介護が終わるので、ちょっとほっとしている筈の兄妹たちも、臨終の儀式に立ち会い、母親に向かって心を注いでいた。

一人、他人である嫁の私は心が波立たない。

あまり諍いはなかったものの、人一倍自分の子供たちにだけ盲愛を注ぐ人から親愛の気持ちをかけられたことはなかったなあと、ぼんやり思っていた。

とその時、隣のベッドの老女が変に高い声でわめき出した。

「ねぇ　抱いて　いくから。」、「ねぇ　抱いて　いくから。」

その声に心を衝かれた。

声を出すこともできない姑に代わって、彼女が天国にいる姑の夫である舅に向かって「迎えに来て」と甘えているのだと悟った。

人が生と死のはざまにあるとき、何か超自然的な現象をその周辺に伝えるものだと聞いたことがある。

「ねぇ、あなた。あのお婆さん、お義母様の代わりにしゃべってる。」、「ねぇ、あなた。」、

「聞いて。」

しかし夫は、妻の私よりも強い執念で愛してくれた母親との別れに際して、落ち着いた妻の言葉など耳に入らない。

「ねぇ　抱いて　いくから。」、「ねぇ　抱いて　いくから。」

絶え間なく言い続ける女の声に耳を澄まして、私は何時舅が舞い降りてくるかと気が気でなかった。

医者も看護婦も詰めかけて、部屋には大勢の人間がいたはずなのに、誰もこの姑の代理の声に気付かないのも不思議だった。

そして姑は逝った。

その時、隣のベッドの彼女はたしかに言ったのだ。

「なむあみだぶ　なむあみだぶ」。そして静かになった。

この姑の最期のときのことを誰かに言いたくて、誰にも言えずに何年も経って、私も姑の年齢に近くなった。

そしてふと気付いたのだ。

隣のベッドの老女の叫びは、神になろうとしている姑の声なんかじゃない。あの老女自身の、最後の最後まで女である体の深奥から立ち昇るエロスの発露じゃないかと。

となると、神秘的なお伽噺のように人にしゃべるべき話題ではないのだと思い至った。

私と同じ種族がいざなぎ、いざなみのまぐわいを生命の出発点として記し据えた古事記。

二千年以上も前に異国の宗教家が、生命の始まりとして伝えた「産めよ　殖えよ　地に満てよ」の言葉。

セックスを現代の爛熟した文明でめちゃめちゃに貶めてしまう以前のエロスに、私はあの夜出会ったのだ。

食欲も生存欲も失われて行きながら、なおチロチロと消えようとしないエロス。

エロスこそ生命。そして生命の裏表に過ぎない死そのものだったのではないのか。

私は日ごろから象形芸術が好きだ。

ピカソやジャン・ジュネが、ジャコメッティが、そして近くは谷崎潤一郎がとらえようとした「エロス」が究極のところで「死」そのものにすり替わって昇華してゆく過程、そこに濃縮される美が、芸術として私の心を打つのかと思う。

それならば最後の「南無阿弥陀仏」は何だったのか。

その答えは私がもう一歩、死に近づいたときに必ず解明されるに違いない。

ボランティアの作り物の笑顔なんかに騙されないで、一雄さんは私の目をしっかり捉えて、自分の膝を叩きながら叫ぶのだ。

「ねぇ　ここに来て　座ってよ　ここに座ってよ。」

4

庭だか藪だかわからないような草木の茂りに囲まれた田舎の一軒家は、年老いた私には荷が重かろうとの娘の勧めもあって、東京に引っ越して二年になる。

マンションの清潔に片付いた私の部屋には、申し訳みたいな箱庭がついているものの、どうしても自然のにおいが感じられない。

雀や椋鳥は庭の偶に降り立つし、赤とんぼは回遊してくれるものの、この春も私の庭の雑草の中から顔を出してくれたのは、トノサマガエル一匹とバッタとコオロギが数匹だけ。

何ともさびしく、昔の雑草のにおいが恋しくて、せめてもの思いで沢山の生花をリビングや寝室に溢れさせせないではいられない。

どの花も花屋の花なので、お客様みたいに取り澄まして、部屋の空気に馴染むこともないが、それでも少しは心が静まるのだ。

切り花の根っこの芯を抜いたり、延命薬に漬けたり、花屋の技術が確かなので、ガーベラ、カーネーション、トルコキキョウなど、大体一週間くらいは華やかな顔を見せ続ける。

それに比べて、庭や路傍の花は不揃いで壷に活けるのも難しいほど枝曲りしているが、なんとなく可憐で楚々としている。

アジサイのように、何時枯れたかわからないうちにドライフラワー化して、まったくその重さを失いながらピンクや浅黄色を保ち続けるものもある。

私の小さな庭にめずらしく咲いた貴重な一輪のボタンの花が満開を迎えたのがうれしく、毎朝声をかけずにはいられなかった。

それでも盛りの過ぎる前にもっと身近に置きたいと、切り取って、どっしりと大ぶりの陶器の鉢に盛りつけた。

自分で育てた花はどうしても切ってしまうと水揚げの処理がうまくできないから、ソーッと騙すように大事に大事に扱う。

花屋の花よりずっとみずみずしくて、本物の花の顔をしている。

今日は「花の里ホーム」を訪ねる日だから、花の話でもしようかと考えながら家を出る。

朝食の片づけが終わったばかりのホームは、ちょっとひと息といった時間帯で、すっかり仲良くなった孝子さんに、まず「おはよう」と挨拶する。

「おはよう。また一番退屈な時間が始まったわ。」

まだ何かとしっかりしている孝子さんは、時間の足音が消えてくれないばかりに、綺麗に片付いたテーブルと、仕事の一つもない退屈を持て余す日々が続いているのだろう。

大の不得意ながら勇気を出して、歌やぬり絵などに誘ってみるが、彼女の退屈を退治する技術が足りなくて、私はたじろぐばかりだ。

ホームでたった一つ、彼女が自分の力で努力できる退屈退治の仕事といえば食事をすることだけなのだ。

「あらぁ、まだご飯残ってるわね。さぁ八重子さん、お口開けて。」

大テーブルの端では、介護士さんが八重子さんの傍らに立ち寄っては柔らかいおかゆを既にすっかり咀嚼を放棄している彼女の胃袋に届けようと苦闘している。

もうすっかり冷めてしまっている赤や緑の野菜交じりのおかゆの一杯を彼女が食べ終わるには、優に半時間以上もかかるのだ。

「そんなに小さなお口じゃ入んないよ。もっと大きく、もっと大きく口開けて。」

ついと立って他の仕事を片付けながら、また立ち戻っては八重子さんの口の中におかゆを流し込む介護士さんの根気の良さ。この苦闘は毎日、毎食、続いているのだろう。

八重子さん自身は既に食事をするという興味も努力もとっくに放棄しているのだ。

この年齢になる前から、私は自分の死に方、身の処し方についてずっと考え続け、結論を出してあったつもりだった。

つまり人工呼吸、胃ろう手術、食事等の飲食すべてを拒否して自然死をすること。

出来れば訪問看護で自宅で死にたいが、周囲の人間の環境が整わないときはホスピスでと思っていた。

でも八重子さんに対する手厚いケアを見ていると、「ああ、ホスピスにも自然死はないのだ」と思わざるを得ない。

若い時にたくさんの猫を飼っていた。

今の人たちと違ってほとんど獣医になど診せたこともなく、半分野放し飼いだった。

彼らは死期が近づけば勝手に姿を消したり、甘えの強い猫は私の膝元で時々「ニャー」

と力なく鳴いて、やがてコトリと頭を落としていったのだ。

動物たちはまるで枯草のように柔らかく萎びて土に帰って行ったものだ。

人工呼吸などしなければ私もああいった死を選べるものだと軽はずみにも思い込んでいた。

しかしホスピスではいくら本人が望んでも、無意識とはいえ咀嚼ができる間は飢餓という栄養失調状態で死を迎えさせてはくれないことが分かった。

人一倍頑固な私だが、これから「絶食状態に入りたい」と宣言したところで、受け入れて貰えはしまい。

ホスピスに入所したとたんに、それ以前の肌の艶を失って藁しべみたいになったら、その責任は本人ではなく、心を尽くしてくれる介護士に跳ね返るのでは、彼らにとってあまりにも割に合わない。ホスピスも評判を落とすだろう。親族の中に騒ぐ人も出るかもしれない。ニュースメディアが取り上げるかもしれない。

死ぬことの難しさは生きること以上なのだと思うと、私の傍で死んでいった猫たちの行儀の良さが羨ましい。

人間の場合は、花屋の花のように根っこを叩いたり、バーナーで焼いたりして無理やり生きる時間を引き延ばし、死の世界へ飛び込もうとする足首に足枷をかけるのだろう。

「花の里ホーム」の昼食時間が迫ってきた。

手厚いホームのケアに却って心を重くして、ボランティア時間の終了となる。

一人、マンションに帰った。

はちみつをたっぷり溶かし込んで熱い紅茶を飲むのが、疲れた時の私の習慣だ。

マグカップを抱え込んで、重い椅子をガタンとテーブルに引き寄せた時、今朝切ったばかりの八重咲きのボタンがバタリと首を折って、花びらが白いテーブル一面に広がった。

「あっ」。美しく、羨ましく、瞼の奥に紅い花びらがいっぱいに溢れ満ちた。

5

週に一度通う「花の里ホーム」は入所者が多く、今日は誰を訪れることになるのかがちょっとした不安を伴いながらも楽しみだ。

八重子さんは今日も気長にお粥をすすっているのだろう。

今日は初めて「あかね」と薄紅色に縁どられたブロックの訪問を所長さんに指定されたから、どんな出会いが待っているか全く見当がつかない。

どの部屋も一様に明るい日差しを受けて美しい。

私や入所者たちがここに辿り着くまでに暮らして来たゴタゴタしたわけのわからない乱雑さがない。

病院の待合室のような緊張した堅苦しさもない。

大きなファミリーレストランのホールのわざとらしい快活に引き込もうとする活気もない。

どこまで続くかと不安を誘う退屈が、部屋いっぱいの明るい陽光に溶け込んでいる。

誰かが時折発する、誰にも通じない、誰もわかろうとしない声は何の反響もせず、清潔な部屋の壁に跳ね返ることもなく、陽光の流れの隙間に落ちて消えてゆく。

リビングには女性が一人座って静かに目を閉じていた。

とても気持ちよさそうにしているので夢から引き戻すのは気が引けるが、「昼夜逆転の人たちが多いから、寝ているのを見たら起こしてください。」と言われているので、そっと傍らに椅子を引き寄せる。

「おはようございます」と大きな声で、それでも驚かさないように挨拶をする。

すぐに目を開けて笑ってくれる。

「はじめまして、北川です。」

「今日は随分と暑さも収まって気持ちのいい朝ですね。」

「お食事はたくさん召し上がりましたか？　私は今朝はね、パンを焼いてトーストにして食べました。パンが好きでしてね。あなたはパンとご飯とどっちがお好きなの？」

微笑むだけの彼女にゆっくりと、それでも矢継ぎ早に話しかける。

私の問いかけが判っているのかいないのか、彼女はただ静かに笑っている。

「私は和食が好きだわ。家にいた時はとても料理が上手で、皆に食べさせた。」

いつの間にか私の背後に松葉杖の女性が来ていたのに気付かなかった。

私の声が大きいので、個室から話に加わろうと出てきてくれたに違いない。

取りつくしまのない人たちが多い中で、未熟な会話ボランティアにとっては、こういう人の援けが本当に嬉しい。

まるで田舎の畦道に迷い込んでうろうろしている時に、土地の人にばったり会ったようでほっとする。

直ぐさま彼女の方に向きを変えて、おしゃべりに取り掛かる。

家族が多くて、三度三度食事を作ったこと。近くのRスーパーに買い物カートを引いて通ったこと。

話しが詰まりそうなときは急いで手助けする。

「何買うんですか？　きゅうり？　トマト？　かぼちゃも美味しいですよね。」

とその時、彼女はつと立って行って、流し場で仕事をしている介護士さんに訪ねる。

「おやつですか？」

「まだですよ、春恵さん。さっき朝ご飯食べたから次は昼ご飯。おやつは午後だからね。」

「あ、そう」と春恵さんは戻って来た。

「ここは静かだから時間忘れますよね。きっとおやつ美味しいんでしょうね。お好きですか？」

するとと突然、彼女の方から食べ物の話を長寿の話へと切り替えてきた。

「私、もう長生きしたくないのよ。だから食事もあまりとりたくない。人工呼吸とか胃ろう手術とかも断る。そう家族にもちゃんと話してあるの。」

私と同じだなと思ったが、長命の手助けボランティアがここで調子を合わせるわけにはいかないだろう。

「でも百歳までは未だちょっとあるし、生きてるからこそ素敵な人にも出会えるし、珍しいものも食べられるってものよ。美味しいもの食べたいな。私は食いしんぼだから。」

「えっ、私はもう何も食べたくない。栄子さんなんかもう何も判らなくなってるのに、びっくりするくらいパクパク、パクパク食べるのよ。」と春恵さんが勢いよく反駁する。

先週の八重子さんの無理やりの食事漬けが胸に応えていたので、春恵さんのしっかりした反論に「やっぱり」と味方を得た気がする。

しかし「何も食べないで早く死にたい。」と言う春恵さんに、「お布団でぐっすり眠るのも、ご飯食べるのもめんどくさいといえばそうだけど、やっぱり楽しいことじゃないかしら。」と本意ではないが体裁のいい返事をする。

「何も楽しくない。眠るのも飽きたし、食べるのだってもう全然美味しくないもの。何も食べないで早く死にたいわよ。」

「早く死にたいっていったって春恵さんすごくお元気で若々しいから、そこが難しいところですね。」と答える。

あまり頑強に反対して彼女の気分を害してもまずいから、なるべく柔らかに、食事の楽しみをしゃべったり、おいしい食べ物を順番に数え上げたりしてみるが、彼女は食べないで早く死にたいと繰り返し主張して止めどがない。

洗い物をし終えた介護士さんが私に助け舟を出す様にまなざしを送ってくれた。

その時だ。彼女がつとまた流しに行って看護士さんに問う。

「おやつですか？」

「まだですよ、春恵さん。さっき朝ご飯食べたから次は昼ご飯。おやつは午後まで待ってね。」

「そう」と戻ってきて彼女がいった。

「おやつは、まだだって。」

私自身の延命拒否戦略が、命丸ごとゴロリと転がった。

6

本当はいつも手ぶらで「花の里ホーム」に行って、ボランティアに取り組めればいいのだが、訪ねる日が近づくにつれて、何か助けになる道具が欲しくなる。

この間行ったときに新聞を持っている人を見かけた。

「読みましょうか？」と声をかけたら、「いいわよ。」と自分の持ち物を盗られまいと身構えたので遠慮した。

読むことはなくなっても、新聞は誰にとってもかつては身近だったことを思い出し、コンビニで買って出かける。

最初の訪問先の幸子さんは以前、大学の講師だったと聞いていたので、机に広げて話題を振ってみる。

それにしてもとっつきやすい社会面に全く明るい話題がなくて、「認知症の親殺し」とか「コンビニに飛び込む高齢者運転の車」とか、開いたこっちがおろおろする。救いはどんな話題にも幸子さんが全然興味を示さないことだ。

それでも北朝鮮がした核実験を知っているから、時世には詳しいのかというと、一日中つけっ放しているテレビから聞き留めた事件と、過去の自分の被災体験の記憶と重なる部分に限るのではないかと思われるふしがある。

新聞という道具があまり役に立たないと知ってがっかりしたが、懲りずに隣の怜子さんの前に拡げてみる。

家庭欄の「おいしいナス料理」などの話題を拾って話しかける。

もう二人に拡げた後なので、新聞は既にくたくたになっている。

新聞を手にした怜子さんは実に熱心に紙の端を揃えて折り目を合わせ始めた。

「几帳面でいらっしゃるのねぇ。お家でもさぞきちんとしてたんでしょうね。私は駄目。どれもいい加減でね。怜子さんはきれい好きなのねぇ。」

「そんなことない。新聞、主人に持って行かないと。新聞持って行かないと『どうした』って言われちゃう。」と茶目気に首をすくめる。

べつに夫を恐れている風ではなく、心から夫に尽くそうと必死になっているようだ。

新聞たたみに熱中していた怜子さんがふと立ち上がって、「私、財布どうしたかしら？」と不安がる。

「さっきお部屋に置いていらっしゃったから大丈夫よ。」

「あら、そうですか。新聞買うのにお金がない。」

「その新聞は怜子さんのでしょ。だからお金は要らないのよ。」

「あ、そうなのね。」と安心する。

そしてまた熱心に新聞の端を揃え始める。

ふと立って、「私、財布どうしたでしょ。このお店こんなに長く座ってて、お金払わなきゃ。」

「何も注文してないんだからお金要らないのよ。今度来た時には何か注文して払いましょうね。」

ああ、こんな会話は以前の彼女の生活の隅々にはびこっていた真っ当な習慣にとっては、実に筋の通ったものなのだ。

健全な家庭の健全な妻。

どんな家族構成だったかは知らないけれど、頼れる夫を頂点に据えて、健全な家庭を切り盛りするだけの金を常に財布に満たして、几帳面に明るく、くるくると働く妻。

しかし彼女のふるさととする今の住まいは、それまで住んでいた家でもなく、彼女を守り支配する夫もいない。

怜子さんの肩先から立ち昇って、彼女の体をすっぽりと包み込んでいるかつて生活習慣だけが、彼女に唯一残された「彼女の人格」のあかしなのだ。

理解のどこかが暗くなって、見知らぬ生活習慣の中に移植され、新しい習慣に合わせられない不安が彼女を取り巻いて怯えさせる。

ボランティアと入所者の人たちとの関係は常に対等な立場を保たねばならないと心に決めているのだが、つい上位に立って、「哀しい人だ」とできることなら抱きしめたくなるのをじっと踏みとどまる。

新聞も整然とたたみ終わったので、気分を変えようと「あなたのお顔一緒に描きましょうね。」

いつも顔を描くと皆に喜んでもらえるのでスケッチブックを拡げる。

「下手だからダメダメ。」としり込みする掌を握って、ざっと描いた彼女の顔の輪郭の中央の唇に紅をさすように手助けする。

「あら、可愛い。貴方って可愛いのね。ご主人にも言われるでしょ。」

「言われないわ。」と言いながらも彼女が嬉しそうにするのでこっちもとても嬉しくなる。

「これ主人に見せてもいい？」

「いいに決まってるわ。貴方が描いたんだから。」

彼女の夫はまだ生きているのだろうか。

「新聞も持って帰っていいの？　主人が待ってるから。」

どうぞ彼女の夫君がまだ生きていますように。

少し落ち着いてにこにこしている彼女に「時間経ったのでまた来ますね。さよなら。」と言った途端、「ああ、私どうやって帰ったらいいのかしら。お財布がないの。」

介護士さんと「どうぞ怜子さん帰るとき送ってくださいね。」、「大丈夫、大丈夫。僕が必ず送ってくから。」と、やりとりをする。

私のボランティア活動は一体何の役に立っているのだろう。

彼女の不安をますます大きくしただけの時間。

忙しい介護士さんを巻き込んだだけのお節介。

7

ホームには足腰の弱っている人も多いけれど、身体的な衰えよりも、記憶の明度がトーンダウンしている人たちがほとんどだ。

その薄明りの記憶の中でもそれぞれ何かパーッと明るい場面を覚えていて、私に話してくれる。

「夜学に行って自動編み機の免許とったのよ。」、「子供のセーターばかりじゃない。山田さんや大木さんからも頼まれてセーター編んだよ。」、「セーターもスカートも編んだ。」、「工場の後片付けしてから走って習いに行ったよ。近くに教室あったからね。」

行くたびに同じ話を繰り返し話してくれる光子さんは自信に満ちて美しい。

「うちのコロッケは美味しいって遠くから買いに来るんだ。」、「夜終わってから明日の仕込みに入るからね。いつ寝たんだか忘れた。」と慶子さん。

「濾過機の部品を磨くんだよ。貴女やったことないの？　私、工場で一番早かったよ。」

と栄子さん。

自分の年齢も、子供の名前も、夫の生死さえ忘れて、記憶の海の底に埋葬してしまった彼女たちの日常が鮮明に浮かび上がる瞬間にたびたび出会う。

最後まで彼女の命を輝かせるのは、過去の「獲得の記憶」だ。

自分がどんなに平安で、俗にいう恵まれた生活を送ってきていても、その恵みが自分の力で獲得したものでない限り、暗くなってしまった老いの道中の足元を照らす燭台にはならないのだと知る。


「方々旅行したわ、うん外国も。」、「さぁ、どこだったかしら。」と貞子さん。

「大学で講師をしてたわねぇ。何の講義だったかなぁ。」と節子さん。

彼女らの輝かしい過去は、それを獲得するために自分の骨身を削った痛みによってもたらされたものではなかったのだろうか。

じゃあ私には何があるのかと糠床を掻きまわすように自分の記憶の底を探ってみる。いつの日か私の行く道が暗くなった時に、自分の足元を照らしてくれる獲得の松明。探せば、自分なりに苦労して獲得したいくつかはあるものの、それらが満足なルクスを備えているとは思えない。彼女たちのだれの口からも漏れないが、私には反対に強烈な「喪失」の記憶がいくつもある。

十歳。戦時中で母が作ったバターと砂糖をまぶした食パン一切れがおやつ。甘い菓子の乏しい時代だった。

たまたま隣家に預けられていた幼い妹を迎えに行った母の留守に、ちゃぶ台の下の妹用のパン一切れを見つけた。妹用とは判っていた。なのに耐えきれずに食べてしまった。帰ってきても私を叱らない母の目の中に、確かな侮蔑の色を見た。

三十歳。いっぱしの主婦になっていた。

行きつけの金物屋でいくらかの買い物をして、五千円札で払った。釣り銭が多すぎるのを判りながら、子供を抱えて急いで店を出た。

数メートルのところで馴染の主人が追いかけてきた。

「奥さんすみません。一万円と間違えてお釣り多く渡しちゃった。」

すぐに掌を開いて、「数えなかった私が悪かったわ。ごめんなさい。」

掌の中の数枚の千円札が熱く濡れていた感触が忘れられない。


三十歳。四十歳。たくさんの友人、そして父、母、妹、姑を裏切った。失った。

五十歳。当時社長をしていた夫を追い詰めた。私は副社長だった。詐欺まがいの金銭トラブルに巻き込まれて、夫は四面楚歌の状態で苦しんでいた。それなのに私は夫に力添えして一緒に切り抜けようとせずに、他の役員と一緒になって夫に背いた。

経営方針の違いなのだから仕方ないと自分を誤魔化してはいたが、心の底で夫から私へと社長のバトンが回って来るのを期しての我欲だったかもしれない。

私に全面的な信頼を寄せる優しい夫だったが、質の悪い詐欺グループに立ち向って行く勇気を持たなかった。

何故助けなかったか。それからずっと心に痛みを抱え、今に到っても苦しみの癒えることがない。

女房こそ自分の最も信頼する部下と信じる、やさしくて心弱い夫は、うつ病を惹き起こした。うつ病が癌を掘り起して夫は逝ってしまった。

私の人生は、大きな悔恨の玉を無数の背信の数珠で繋ぎあわせた「喪失の記憶」の首飾りのようなものだ。

今まだ、私は認知症といわれる記憶の暗さに助けられていない。

だから、私を高めて解放する「獲得の記憶」がないうえに、「喪失の記憶」に翻弄されつづけているのだろうか。

もうすぐ私にも訪れる認知症の波が、私を責めさいなむ過去を洗い流して、清らかにしてくれるのだろうか。

それならば人の恐れる認知症も悪くない。

8

小学生の頃は、父の転勤に従って、ずいぶん学校を変わったものだ。

新しい学校に入った初日の朝、黒板の前で先生に促されて自己紹介し、新しい友達の横の席に滑り込む緊張感は、七十年以上たった今でもはっきり覚えていて胸に突き上げてくるものがある。

ボランティアとしてホームを訪れ、介護士さんに「ボランティアです。お邪魔してよろしいですか？」と断りながら部屋に入り込む時は、小学生の時のあの緊張感を思い出させる。

「お願いします。ありがとう。」との介護士さんから快諾をもらった後も、「おはようございまーす。」の私の景気付けの掛け声に順調に返事をしてくれる人が一人でもいればその日は上々の滑り出しとなる。

今日は朝食で疲れてしまったのか、皆がそれぞれの車椅子に凭れて寝ているような、思案に耽っているような。

いつも殆どしゃべらない栄子さんの隣に小椅子を運んで、「桜見物には行かれましたか？」とちょっとだけ腕に触れて目覚めさせる。

先週訪ねたときに「午後公園散歩」の張り紙があったからだ。

一見寝ているように見えても、皆、自分に関心を寄せてくれる人を待っているのだと、この頃分かるようになってきた。

私の問いかけに栄子さんがニーっと笑い返す。

すかさず「今年の桜は色が冴えてますねー。栄子さんはピンクお好きですか？　私だーい好き。」

矢継ぎ早に、「私の子供の頃は遠くに行かなくても学校への通学路が桜でいっぱいだったわ。栄子さんはそうじゃなかったですか？」

「この頃あまり見ないけど、土手には土筆なんかもいっぱいで。摘んで帰ってお母さんに甘辛く煮てもらったけどおいしいのよねー。」

私の思い出語りにいちいち丁寧にニーっと笑顔を返してくれる栄子さん。

でも栄子さんの側から言葉を引き出すことは無理なのかなと半ば諦めかけた時だ。

「そんなもんじゃないわよねー。だから困っちゃったのよ。」

嬉しい。栄子さんの言葉が消える前に、「私も困っちゃうんだもの。」と合いの手を入れる。

「曲がって来たっていうからさぁ。ところがねぇ。ふざけんじゃないっていうのよ。」と言って栄子さんがカラカラと笑う。

「ほんとほんと、私も全くそう思うわぁ。」と笑いを合わせる。

「やったもん勝ちっていってもさぁ。」

「そんなこと絶対ないわよ。がんばらなきゃねぇ。」

「角のところが難しいから。言われたとおりにやったからどうだってのよ。天気の日はいいけどさぁ」

「雨の日は全くやりきれないわよねぇ。」

こんな会話が調子よくどんどんと続いてゆく。傍から聞いたら、どっちの人間が、あるいは両方がいわゆる認知症か判じ難いと思う。

楽しく楽しく、大声で笑いながら、全く意味不明の会話を打てば響くようなテンポで続けてゆく。

栄子さんは無口なんかじゃない。

無類のおしゃべりばぁさんだということを発見した。その会話には子供の会話と違って世慣れたフレーズがたくさん鏤められている。

「世間様が許さない」とか「勝手し放題」、「自分の胸によく聞いて」、「右も左も分からない」とか、少し威し半分、説教調なしっかり主婦の会話だ。

そして間に挟まるいかにも達観したようなカラカラという哄笑。

私も嬉しくていつまでも話に乗ってゆく。

「正気」と言われる人たちとのおしゃべりと違って、相手がどう受け取るかと斟酌しないでいいから、心の底から明るい笑いがこみ上げる。

「たくさんおしゃべりしたから喉渇いたでしょ。さぁ、お茶飲んで。」との介護士さんの言葉を限にして、「また来るわね。」と小椅子を片付ける

少ししゃべりすぎて栄子さんを疲れさせなかったかとの気懸かりを抱えて次のブロックに移動する。

私も女の性の故にずいぶんとおしゃべりだ。

友達と二、三人集まれば、みな争ってしゃべりたがり、共感を求め合う。それぞれが分別ある意見を言う。

しかし別れた後に何が残っていただろうか？

話の筋道はしっかり通っていて、誰が聞いてもとんちんかん等ということはある筈がない。

たくさん笑った。でも何を笑ったかもきれいに忘れている。

栄子さんと充実した時間を過ごした後の帰り道で、「会話の本質」というものについて改めて考えさせられる。

友達とのトークに、話の筋道など全く重要なファクターではないのだ。

ただ次の会話への接ぎ穂を手渡すために順序立てをしているに過ぎない。それぞれが他人の話など全く聞いていないことが多い。

どこで話のバトンを奪い取って、自分の番を走り出そうかと必死にもっともらしい筋道を考え出しているだけ。

意味不明結構。

大切なのは言葉を通して気持ちのネットを繋げて、互いの心を温め合うことだけなのだ。栄子さんからもらった温もりを糧に、ひらけた青空に向かって私を待っている優しい未来を笑い上げた。

9

ＪＲ新宿駅正面口で友人と待ち合わせた。

新宿駅構内を通ることは少なからずあるが、駅がとてつもなく肥大化してしまってからは、駅の外側の入り口に立つことは、ここ二、三十年なかった。

それが懐かしい友人においしいカレーの店があるからと誘われての昼下がり。

人間はみな構内に吸い込まれて、駅の外側には私の知っている高度成長期の賑わいは静まってしまっている。

それでもこの界隈の悪ぶった陰影の逃げ込む路地からの風や、あの頃には皆そうだった追い込まれた人間の貧しさが、時々わざとらしく輝かしい風景の前をツツーと横切って、はっとする懐かしさだ。

私がこのあたりに立っていたのは四十年も前のこと。

定まった勤め先が見つからずに、高収入、歩合給という新聞広告につられて、馬鹿高い英語教育マシーンを通りかかる学生に売りつける仕事に励んでいた。

運動神経もトロイ、男を引き付ける面相も持たない私の唯一の特技は、商品知識を素早く覚え込むことと、人生経験も少ないくせに人を誘い込む話術に長けていたこと。

面白いように学生が話に乗ってきた。

喫茶店に誘いこんで、商品の効能をまくし立てる。

とてつもなく高い商品だから、とても学生一人の力で買えるものではない。

その頃は幸いなことに、学生本人が多額の借金を可能にする悪徳ローン業者などなかったから、契約書に本人と保証人である親の名前を書かせて、親から認め印をもらって来る仕組みだった。

いくつも契約寸前まで行っていたのに、躊躇して話が壊れた。

といっても躊躇するのは学生ではなく、売り手である私なのだから始末が悪い。

うすうすこれはまずい商売だと気付いて、「お家へ帰ってよーくご両親と相談してきなさい。」としないでもいい説得などして帰したりもした。

どうして何件も良いところまで行くのに纏まらないのかと会社が不思議がって、私を教育しようという話になったところで退社した。

二ヶ月ちょっとだった。

稼ぎは一円もなかったが、交通費は貰っていたから金銭的に損はなかった。

時間的には随分費消したが、「口先で伝える商売ならば私は結構うまく行くんだ」という大いなる自信を得た。


だから「花の里老人ホーム」でお年寄りの話し相手というボランティアこそ私にぴったりだと思ったのだ。

ホームの人たちはそれぞれ個室をあてがわれているが、昼間はできるだけきちんと着替えて、中央のリビングルームでテーブルを囲んで睦み合うというのがホームの方針だ。

それでも彼らが積極的に隣人と話し合うなどということは殆んどない。

つまり人に会話を仕掛けるというのは、かなりのエネルギーを必要とすることなのだ。

お互いに何の損得もない間柄になってしまっている状態では会話の弾みようもないから、

そこでボランティアの出番になる。

テーブルの一隅に椅子を引き寄せて話しかけると、私への協力心からかにこにこと笑い返してくれたり、時々は親切に返事をしてくれる人もいるので、私も話の接ぎ穂を見つけられて結構助かるというものだ。

「今日は18号室の吉川一郎さんを訪ねるように。」と所長さんに指示された。

軽くノックして「おはようございます。」と声をかける。

ベッド脇の椅子に掛けていた吉川さんは、薄いカーテンを閉めたままの窓から外を眺めている風情だ。

「ご機嫌いかがですか？」

「あんた、なんだね？」

「おしゃべりに伺ったものです。」

「なんだね。」

「ちょっとお友達になっていただいて、おしゃべりしたいと伺いました。」

「何をしゃべるのかね。」

ぐっと詰まるものがあるのを踏み越えて、

「ずいぶん暑さもおさまってきましたねぇ。私、近所に住んでいるんですけど一人住まいなので退屈しちゃって、おしゃべりしたくて。」

「何をしゃべるのかね？」

「時事問題かな、スポーツかな、この頃の新聞ダネかかな。」と頭の中が忙しい。

「スポーツは何がお好きですか？」

「今忙しいんだよ。」

万事休す。その間、吉川さんはずっとカーテンの向うの見えない景色を眺め続けている。

「何をしゃべるんかね。今忙しいんだよ。」

「そうですね。また寄せてくださいね。」と早々に退散する私に、「今度からはちゃんとアポ取って来なきゃ駄目だよ。」とダメ押しが入った。

そりゃ当然だわなと思う。

私だって自分の家に突然他人が上がり込んで来て、おしゃべりしようなんて言われたら、断然迷惑、断然拒否。

昔、新宿で成功したのは、私の胸に「甘いことを勧めるおばさん」という名札がかかっていて、「いかがわしい商品」というツールが手助けしてくれたからなのだ。

今、利害関係の全くない名無しのばあさんである私が、腹の足しにも何にもならない「おしゃべり」なんて言うガラクタをぶら下げて、部屋に上がり込んだって、無理に決まっている。

所長さんに「今日は失敗でした。技術が足りなくて相手をしていただけませんでした。」と詫びる。

「そうですか。吉川さんのご家族からはお父さんが退屈して困ってるから話し相手ボランティアをと頼まれているんですけどねえ。」との所長さんの言葉が私の無能の駄目押しになった。

10

「花の里ホーム」のエレベーターはとてもゆっくり上がる。

三階につく前に今日の仕事の心積りをつけるには、このゆっくり加減がちょうど良い。

三階で扉がゆっくり開いて、麻耶さんがエレベーターを待っているのに出くわす。

「あら、いいのかな。」と、ふと不審に思って声をかける。

「おはようございます。どこかへお出かけですか。」

はにかんだ笑顔で、「ちょっと階下に行って訊くことがあるの。」

所内のエレベーターは職員と私のように許可を貰って訪ねる人だけに一枚ずつ渡されるカードを使わないと、利用できない仕組みになっている。

入所者は勝手に利用できないのだ。

「どなたかを待っていらっしゃるの？　私も一緒にエレベーター待ちますね。」

「いいのいいの」と必死に手を振る彼女と一緒にそのままエレベーターを待つことにする。

午前十時。朝食の後片付けも終わって、職員たちはそれぞれ持ち場についてしまっている。

私のように酔狂なボランティアもめったにいないので、エレベーターはしんと静まって、動く気配を見せない。

背の低い麻耶さんはエレベーターの前で真剣に回数灯の動きを見つめている。

そういえば、先週通りかかった時も彼女はここに立っていた。

エレベーターに乗るチャンスを待っていたのだと今にして思う。

エレベーターに乗ったらどんないいことが彼女に訪れると理解して、彼女はここで待ち続けているのだろう。

数年前、あるいはもっと以前、彼女は自力で普通にエレベーターを乗り降りしていたにちがいない。

その時、彼女はどんな良いことに巡り会ってきたのだろうか。

今、彼女が閉じ込められていると感じているホームは、納得できない異空間だという気持ちで、エレベーターに乗りさえすれば、明るい意識の世界に戻れる、あるいは踏み出せるとぼんやり期待しているのだろうか。

ゴドーを待ち続けるエストラゴンなのだ。

それならエレベーターには自由に乗り降りできる私は何者だ。

自由気ままに乗って、行き着いた先に開ける私の世界は、やはり乗る前となんら変わらず、意味を持たない時間の屑たち、つかまえどころのない大気のかけらたちの浮遊する「日常生活」という柵の中だ。

ゴドーを待ち続けるウラジーミルが私だ。

麻耶さんと一緒にエレベーター灯の点滅を見続けながら、私はエストラゴンの不安を共有する。

彼女が待っているゴドーが何かは知らない。

それよりも、もっと切実に、私は私の待っているゴドーが何なのか知りたいと願う。

麻耶さんがエレベーターに乗って、ホームを脱出しようと企てているとは思えない。

私もこの日常を振り捨てて、唯一確実な死に自ら飛び込もうとも思っていない。

死は命の停止という確実な事実としても、死そのものの正体が、命以上に曖昧模糊としていて、私のスカスカの脳髄が全く理解していないのだから。

死を通過しても、またもっと深い未知な不条理に出会うかもしれない。

その時、私たちを押し込める不条理の霧を取り払ってくれるゴドーが本当にやって来るという保証はあるのか。

でも、麻耶さんは本気で待っている。真剣に待っている。

私は猜疑心いっぱいでゴドーのことを考える。答えは見つからない。でもエストラゴンとウラジーミルのように、とりあえずゴドーを待ってみよう。

いつの間にか私も麻耶さんの真剣さで、エレベーター灯を見続ける。

たらーりと扉が開いて、掃除道具をいっぱい抱えた介護士さんが元気に降りてきた。

「あーら麻耶さん、また待ってたの。さぁお茶にしましょうね。」と快活に声をかける。

彼女も当然のように「やれやれ終わった。」という感じで、右手の部屋に伴われていった。

置いてきぼりのウラジーミルの私も、決められた自分の仕事部屋に向かう。

やはり「やれやれ」という感じで、手垢にまみれている住み慣れた時間屑を拾い集めに戻るのだ。

麻耶さんは明日もまたあそこに立って、ゴドーを待つだろう。ひたむきに。エストラゴンとして。

では私は？

待つべきゴドーは何かという問いを一瞬だけエストラゴンから胸に突き付けられただけで、平然と事実としての「死」の迎えが来るまで、時間屑と空間のかけら達の中を漂流するばかりか。

何もかも忘れて。何も気にせず。ウラジーミルである私はもう何処にも居ない。

エストラゴンである麻耶さんの助けなしには、私は独りではウラジーミルになり得ないのだ。

（半年経った頃、私はあの元気でシャイな麻耶さんの姿を見かけないのが不審で、介護士さんに麻耶さんはどうなさったかと訊ねてみた。麻耶さんは一ヵ月程前、ゴドーを迎えに旅立たれたのだそうな。ウラジミールの私を一人置いてきぼりにして。）

11

庭にたくさんの花を育てていた頃、娘によく言われたものだ。

「花を見て庭を歩くのはいいけど、花に話しかけないでくれる？　気持ち悪いから。」

独り言が増えるのは老化が進んだ証拠だと娘は信じている。

そうかもしれない。

若い時には植物や昆虫たちが全く外界の生き物だったのに、いつのまにか、まだ人間である自分と花との境界線がどんどん薄くなって行くようなのだ。

「おはよう、あらよく咲いたわね。」、「あら、そんな葉っぱの陰に居たの？　小さな蕾だねぇ。見えなかったわ。ちょっとこっち向いて。」

踊りまわるたくさんの花の友達との付き合いに忙しくて、何時までも小さな庭をうろっいていたものだ。

雑然とした田舎の庭を後にして、整備された東京のマンションに転居してからは、独り言もままならずに、真っ当に暮らしている。


今日は「花の里ホーム」を訪れる日。

東京は庭のない暮らしだが、花と遊ぶ時間を「花の里ホーム」のたくさんの友人との楽しい出会いに振り替えて、帳尻を合わせている。

今日は、今まであまり訪れなかった黄色い縁取りの「菜の花」のブロックの扉をそっと開ける。

五人が大テーブルを囲んで並んでいる。それぞれ車椅子に座って、窓からの陽光にも気付かぬように、静かに頭を垂れている。

ああ、まるで温室の花のようにおとなしくて、美しいなあと見惚れる。

小椅子を引き寄せて、私から「おはようございます。遊びに来ました。」と声をかける。

夢から覚めたように首をこちらに向けてくれる人は、昔の私の庭の薫り高いサーモンピンクのバラにそっくり。

正面に座っている人は、「あ、いらっしゃい。」といった風情で、私に話しかけるまなざしで少し頬を弛める。サーモンピンクのバラの隣で、パラパラとたくさんの小花を振りまく白いスプレーバラみたいな人だ。

白いバラはなぜかテントウムシに好かれて、蕾のうちから食いちぎられるので、こまめに手をかけてやらねばならなかった種類だ。

彼女もなにか小さな白バラのように、話しかけられたいという空気を漂わせているので、すぐに寄って話しかける。

もうすっかりバラの精になってしまっているので、彼女の方から声を出すことはしない。

「あーら、そうなの、そうよねぇ。私も花が好きなのよ。」とゆっくり相槌を打つ。

その隣で、濃い目の紅をつけた私の口元を指さしてくる人には、常に用意してある口紅と手鏡を取り出して迫る。

「あなた美人でいらっしゃるから、お化粧させていただいていいかしら。」

化粧気のない薄い唇にローズ色の紅を差す。

鮮やかな口紅が、顔全体を暖色に染め上げて美しい。

「あら、お綺麗ねぇ。きっと旦那様が喜ばれるわねぇ。」

視点の定まらない彼女の眼元が、確かに手鏡の中に自分の顔を捉えている。

「綺麗だわねぇ。楽しいわねぇ。嬉しいわねぇ。」と彼女の心の声に合わせて相槌を打ち続ける。

娘に叱言を言われた花との会話が、ここでは本当に生き生きと滑らかに私と彼女の間に友情を結んでくれる。

どの人ともすべてゆっくりとした肯定の相槌だけで、時間が共有される。

彼女たちが花であるばかりでなく、私自身まで花になって、花の時間を生きている。

私は何の花かしら。

そうだ。春先から秋の冷え込みが強くなるまで、薄ピンクの花々を一メートル以上も長い不安定な草茎の先にしがみつかせている白蝶草かも。

寂しがって、寂しがって、右に揺れては足元のギボウシに花弁を振りまき、左に揺れては隣の真っ赤なバラの太い枝の棘に引っかかれて、細い枝ごとめちゃめちゃに傷ついていた白蝶草。

見るからに弱虫なのに、他の花々がそれぞれ華やかに花を咲かせてはあっという間に終わって行くのに引き換えて、いつまでも未練いっぱい、後から後から花をつけては枝を伸ばして行くところが私の命とよく似ている。

傍から見たら会話になっていない会話を続けるが、あちらの人に心を揺らし、こちらの人に相槌を打っている間に、一時間以上も経ってしまう。

私は花園を散歩している時と同じように心満ちる。

「帰る」とか「さよなら」は言った方も、言われた方もそれまでの友情がおじゃんになる気がするから、そっと視界から外れて、次のブロックに回ることにする。

幾分の緊張を強いられて疲れた人達がほっとする様子が見て取れて、おかしくなるのもこんな時だ。

次に来るときはどんな「びっくり」を用意して彼らの眠りを覚ましてやろうかと、意地悪く企むのも私の楽しみの一つなのだ。

12

貨幣、金、これの持つ威力はとてつもなく重大である。

あまり大きい声では言えないが、俗人にとって（つまり私）、金なしには愛情も育たず、ひたすら財産の獲得にあくせくしてきたように思う。

昔、東南アジア難民のお世話をする福祉法人に勤めて、咲江さんという親友を得た。

二人とも中学生でマリという同名の娘を持っていたから、共通の話題で気脈を通じさせた。

難民や、ボランティアを集めてのパーティーを事務所で開くことになり、所長から娘たちを手伝いに寄越さないかと持ちかけられた。

社会に役立つ仕事を与えるという格好の名目で娘を働かせることが大いに嬉しく、承諾した。招待客や難民のためにクッキーを盛り付けたり、紅茶を供したりの半日仕事だった。

ところが娘への役の振り方が、咲江さんと私では違っていた。

咲江さんは娘のまりちゃんに、社会に貢献するボランティアをしなさいという持ちかけ。

私はこれから社会で生きて行くには自立するための稼ぎが無くてはならないから、半日いくらで仕事をしないかという持ちかけ。もちろん私の娘の真理子には、私が事務所の封筒に自分で用意した金銭のなにがしかを詰めた。

初めての自力での稼ぎに、娘は大いに喜んだ。

咲江さんとこのまりちゃんもボランティア活動で大分充実したと思う。

私は人生を自立して生きるには、自分が生きるに必要な金を稼ぐことが不可欠要件と考えていたし、それは終生変わっていない。

ボランティア精神を娘に植え付けることを重要と考えての行動かもしれないが、咲江さん自身も娘とその下の男の子を小学校に入るまで養育している期間、自分の稼ぎのほとんどを最高の保育施設に注ぎこんでいながら、自分の将来のために決して仕事を放棄しなかった賢明な人だ。

金なくしては美の充実とか、知の追及が、どうも達成できないという思いが強い。

「花の里ホーム」に通ってみると、やはりそこのところが私の考えと所内の人たちの思いと一致している気がする。

最愛の家族の存在をすっかり忘れた人たちが、それでは自分だけは大切にしようと頑張るかというと、それもどうも覚束ない。ただ自分が今まで紡いで織り上げた生活習慣だけは放さず身にまとって、脱ぎきれないでいるように見受ける。

夏にセーターを脱ぐことを忘れたり、冬にセーターを着忘れて身震いしている人たちの日常の中にしょっちゅう顔を出すのが、一生懸命に稼いでそして貯めこんできた金銭にまつわる思い出だ。

「家のコロッケはひとつ十円だったのよ。」と繰り返す慶子さんに、

「えー、安いなぁ、私も買いたかったなぁ。すごく売れたんでしょ。」と言えば、彼女の頭の中ではその日の稼ぎのそろばんがパチパチと音を立てて弾かれている。

十分おきに「財布がない」と慌てる怜子さんは、破綻なく財布の中身をやりくりして家族の生活を守ってきた人だ。

今日最後に訪ねた庸子さんは「大きな悩みを抱えているから、相談に乗ってくれ。」と私に秘密を打ち明けてきた。

「宝くじに当たっちゃったのよ。でもどうやって取りに行ったらいいか分らないの。」だそうだ。

いつ当たったかというと、昨日の夢で当たったことが分かったのだとか。

「どうしても今日取りに行きたい。」と言うので、「宝くじなんて当たったと分るとみんなに狙われるから、今日は取りに行かない方がいい。」とアドバイスする。

「でも行かないとなくなっちゃわないの？」

「当たったとたんに行くと狙われるから、みんなが忘れちゃった一年くらい経ってから行くのが普通なのよ。その時はご家族と一緒に行くといいわ。私が話しとくからね。」

安心したような、がっかりしたような納得をしてもらった。

庸子さんにも私にも訪れたことのない大金が転がり込む幸せの処理の仕方を、二人で策謀する。

「でも今はこんな温かいお部屋で、ご飯も三度三度出てくるんだからお金なんて要らないでしょ。おしあわせね。」

「だけどここの家賃いくらなのかしら。高いでしょうね。」と庸子さん。

「きっと娘さんが払っていらっしゃるのよ。お金なんて持たなくてもちゃんとやってくださってるのよ。おしあわせね。」と非情におしあわせを押し付ける。

抗う力を奪われて、庸子さんが絶望的な言葉を押し出した。

「わたし、自分でお金を使ってみたいのよ。」

私が一生かかって築いてきた金銭哲学の一角がボロボロと綻びた。

自立のための稼ぎ、快適な生活のためのやりくり、老後のための蓄財として金銭を獲得しようと足掻いてきた。

しかし自立、生活、老後など、そんなものはたいして大きな意味を持っていない、ただの抽象概念にすぎないのかもしれない。

財布に詰め込んだ金を握って使うために走り回るゲーム、それこそが爽快な金銭スポーツ、生きがいそのものなのだと今また、「花の里ホーム」で新しく教えられて帰るのだった。

13

「花の里ホーム」の中の人たちは皆が皆、車椅子やベッドから離れられないわけではない。「足が丈夫で元気」が自慢の悦子さんはとにかく歩きたい。目が覚めている間は歩きたい。歩いて行く先にしなければならない目的があるから、歩かないわけにはゆかないのだ。ところが「足が丈夫」は自称で、すぐに頭からばったり転んで大怪我をする。

老人は体重が軽くなっているものの、無防備に転べばそれこそ命にもかかわるから、介護士さんは「さぁ、座りましょう。」「さぁ、座りましょう。」とこれも一日仕事である。

食事の支度、入浴介助、投薬、洗濯、トイレ付き添い、個室掃除、歯磨き、そして三度の食事介助や個人の生活記録データの打ち込み等々、等々、数人の介護士さんが手際よく仕事を分担してこなして行くのは見事だが、それでも絶対的に人手不足だ。

何しろ理想を言えば悦子さん一人に専属で一人の介護士さんが必要なのだから。

活発な悦子さんへの制御は見ているだけで疲れてくる。

そこでボランティアの私の出番になる。

「悦子さん、私と一緒に行きましょか。」

歩いてはいけないと言われ続けた悦子さんは、いかにも嬉しそうに縋りついてくる。

「一緒に行きましょうね。一緒に行きましょうね。」と繰り返す彼女の手を取る。

私自身も年寄りだから彼女の体重を受け止めるためには、常に椅子や、机の縁につかまりながらの情けない介助なのだが、悦子さんは私に全幅の信頼を寄せる。

リビングの大テーブルを何回もまわったり、そこからブロックの出口扉までを往復したりする間、悦子さんは私には理解できないたくさんのフレーズを呟き続ける。

「戸が開いたから、お父さんが来たわ。」、「赤いのはどこからかな。」とか、「早くしないと行っちゃうから」とか。

そして私は合槌を打つ。

「お父ちゃんはすぐ来るわよ。」、「赤いからきれいだわね。」とか、「門が開いたら閉めましょうか。」など。

彼女の会話は他から聞くと、何の意味もないように思えるだろうし、私の合槌もいいかげんな出鱈目に聞こえるだろう。

ところが不思議なことに、彼女の熱意に対して身を入れて返事をしていると、私にとってとても充実した会話が成り立っているような気分になる。

私が普段、家族や、友人と交わしているおしゃべりとどこが変わるのか分らなくなってくる。

いや、取り繕ったり、ただしゃべり流している会話より、とても濃密な意思の疎通ができているような気がするのだ。

悦子さんの会話はどんどん佳境に入ってくる。

彼女の見ているお父さんのイメージとは違うかもしれないものの、私にも柔らかな赤い光の中で笑いかける夫のイメージが降りてくる。

大テーブルの周りだけだが、二人ともしゃべりながら、歩きながら、ずいぶん遠くまで来てしまった。

歩き続け、時々目を見合わせ、話し続ける間、彼女は私の左手をぎゅっと握っている。

それなのに、だんだん私は飽きてくる。帰宅時間が気になりだす。

悦子さんの私に寄せる信頼の深さは最初から全く変わらずに衰えない。彼女が意思を通わせている相手は果たして何者なのだろう。

三十分経っても、一時間経っても、悦子さんから消滅してしまった時間の観念を、彼女が呼び寄せることなど無い。

ぴったり寄り添っていても、時間に翻弄され出す私と彼女とでは全く違う存在様式で隔絶される。

その時、介護士さんの一人が私の疲れを慮って、「さぁ悦子さん、こっちにいらっしゃい。お茶を飲みましょうね。」と声をかけながら、彼女の腕を引っ張った。

「悦子さん、あっちの部屋にはお友達が大勢いるから行きましょうね。」と言って、私には「すみませんでしたね。あっちの方が人手があるから。」と伝えてくる。

日頃から優しくて、彼女の大好きな介護士さんだから、悦子さんは一瞬どうしようかと戸惑う風を見せた。

が、その時彼女はふと目覚めたような表情をした。

そして決断して、言ったのだ。

しっかり握っていた私の左手を私の胸元に持ってきて、「ね、盗られちゃうからちゃんと持っててね。」と。

一片の疑いもないこの篤い信頼。陳腐な常識を覆すその発想。

ガーンと殴られたような衝撃で、私は右手で自分の左手を抱え込む。

「ちゃんと、ちゃんと持ってるわ。盗られないようにね。」

私の抱え込んでいるのは、はたして貧弱な私の左手なのだろうか。

すっかり温まった左手を自分の右手で握りしめる。

長い人生で、初めて彼女から貰った美しい体験に、胸の熱くなるのを止められない。

ずっと彼女を支えて歩いていたのは、生きている「私」ではなく、「ひたすら慕わしきもの」としての透き通った概念だったのだ。


私にも若い母親として幼い子供から、「ママ、ママ」と慕われた時代がある。

子供は幼くても、母親の体の部分、部分を母親の一部として認識していた。

抽象的な「慕わしきもの」として、私の体を、私の左手を捉える悦子さんと、幼い子供との間には超絶的な違いがある。

だったら口もろくに利けない幼児は悦子さんより優れているのだろうか。

彼女の中には、たくさんの知識、感覚、経験が詰まっている。子供の持っている壷の中身とは比べるべくもない分量だ。

大体抽象的な認識というものが、子供には未だ出来ないと私は勝手に断言する。

だからといって私は悦子さんの認識が全く抽象的だとも思っていない。

彼女は私の「左手」という現実の物体と、「愛」という抽象的な観念をいとも簡単に一体化してしまっている。

辛い現実の世界を渡るために私たちが創出した完全に抽象的存在である「愛」「神」に生きていながら辿り着くための方法、架け橋を彼女の思考形態が指し示しているのだ。

疑心暗鬼ながらずっと信じてきた「神という信頼・愛」を私は彼女から目に見える形で胸元に預けられたのだと思った。

悦子さんも私も老人だから、遠からず「神」の領域に踏み込んで行くだろう。

老いの峰の登り方を、おしゃべりボランティアの作業の時間に少しずつ教えられている。

14

「花の里ホーム」の大ガラスを通して、うらうらと穏やかな秋の日差しが部屋の空気を弛めているからか、今朝は中央の大テーブルを囲んで、四人ものレディーたちがうっとりと表情を和ませている。

「おはようございます。」との声掛けに、「おはよう。」とはっきり答えてくれたのは、いつもは個室にいるのであろう、私にとっては初めての人だ。

あわただしく部屋の住人リストを手繰って、朋子さんと知る。

今日は朋子さんを手掛かりに話を持ちかけられると俄然心強くなる。朋子さんの隣に座っているのはもう九十歳を超えている佳代子さん。

何度もおしゃべりをして、親しく思っている佳代子さんの隣に小椅子を引っ張ってきて、また「おはようございます。」と声をかける。

佳代子さんはとても耳が遠いので、ちょっと肩に手をかけて、隣にいるよと合図しないと気付いてもらえない。

佳代子さんが私の方に顔を向けて「おはようございます。」と静かに答えると、また元気な朋子さんが遮るようにはっきりと「おはよう。」と声を返す。

正面に座っている美恵子さんと正子さんたちの目線を捉えて、「おはようございます。」

二人の返事に先駆けるように朋子さんが「おはよう。」

人間の社会では二人以上集まれば自然とトップが決まって、彼がグループを引っ張って行くものだ。

この順位を尊重しつつ、他の人たちを疎外して傷つけないように心配りをして行けば、大体その日の会合はうまく回る。

「そろそろ紅葉も赤く揃ってきますねぇ。」とか、「暖かい日にはどんなところに行きましょか？」とか話を振って行くが、あまり里心を誘うような話題は酷だと思って、用心しながら個人の注意をそらさないように力を込めて見詰めて行く。

話題に詰まるときに持ち出すのは戦争中の話。私を含めて、昭和初期生まれの女たちに共通の思い出だ。

「疎開はどこに行ってましたか？」

軽井沢とか富山とか地名が出る。

地理に疎い私だが、あらんかぎりの知識で、その土地の特産品とか名所を持ち出してもてなす。

何を聞いても「忘れたわ。」と繰り返す正子さんが、突然、隣の美恵子さんに「あなた子供何人いるの？」と聞く。

大体仲間同士で会話するなど皆無に等しいホームの人たちだから、この正子さんの問いかけは上々の滑り出しだ。

「七人。」。「まぁ沢山ですね。」と私がびっくりした様子に恐縮したのか、「三人。」と美恵子さんが修正した。

「三人だって、三人いるんだって。」と正子さんが私に賞賛を求める。

今度は私が問う。

「正子さんは子供さん何人ですか？」。

「私は子供いない。」

彼女には優しい娘さんがひとりいるからそれは思い違いだ。

「お嬢さんが一人いらっしゃるでしょ。」

「そうなの？　私、子供ひとりいるの？」と私の確認を取る。

それから正子さんの子供の数問いが始まった。

朋子さんに向かって、「あなた子供何人いるの？」。

「二人、男の子と女の子とひとりずつ。」

「ふたりもいるの？　知らなかった。」

「言わなかったから。」

並んでいる三人に向かって、この会話がぐるぐる延々と続く。

三人も丁寧に、「二人。」とか、「三人。」とか答えて行くが、その度にその数が違っている。しかし「根気」という厄介なものから解放されている四人の美しい老人は楽しげに会話を続ける。

「あなた子供何人？」。「ふたり。」。「ふたりもいるの？　知らなかった。」。「言わなかったから。」

ぐるぐる、ぐるぐる。

「耳が遠いから皆に迷惑かけるからと思って、会話に入れないのだ。」と寂しそうに遠慮していた佳代子さんも、最初に私が正子さんの問いかけを大声で補強してあげてからは、次に回ってきた問いに上手に楽しそうに乗って行く。

「おんなじことばかり。」と呟きながら、「二人。孫は三人。」と正子さんと私に微笑む。

「二人もいるの？　孫も三人いるの？　知らなかった。」とその度に正子さんがびっくりするから、私も新鮮な驚きで「すごいわねぇ。」と繰り返す。

耳の遠い佳代子さん以外の人の子供の数は、聞いている正子さんも含めて毎回変わるから、私のびっくりも本物だ。

一時間も過ぎたから、私が提案する。

「ここで子供の数決めましょう。正子さんはきれいなお嬢さんが一人、佳代子さんは二人、朋子さんは男の子と女の子が一人ずつで二人、美恵子さんは頼もしい男の子が二人、そして私にも二人の子供がいるのよ。」

「ふーん、知らなかった。わたし子供いるの？　知らなかった。」と正子さんは半分しか納得していない。

なぜ昭和の女はこんなにも子供の数にこだわるのだろうと、不意に胸を突くものがある。

もう亡くなってしまったが、私の年上の従姉に昭和元年生まれの和子さんがいた。

彼女は適齢期の男子が多数戦死して払底していた世代の女で、よく「わたしの旦那様はきっと戦死されたのよねぇ。」と彼女にとっては不本意な独身生活の言い訳を漏らし続けていた。

このホームにも和子さんという名の人が多い。

結婚や、子供を生すことに躓きがあった人も多いに違いない。

そしてあの頃、子供を産むことが女の使命、生きる価値そのものというより、「産まず女」は女の最大の恥辱だったのだ。

同じ問いを繰り返すと、非・認知症の人々はうるさがり、嘲笑するかもしれない。

しかしこの問いには、彼女たちの最後の誇りの確認が籠められているのだ。

「あなた子供何人?」。

「二人。」

「えー、二人? 二人いるの? 知らなかった。」

「ふーん私子供いるの? 知らなかった。」

「私、子供いるの？　一人いるの？　知らなかった。」

15

今日訪ねたのは「しゃくやく」のブロック。

赤紫に縁取られたしゃくやくのイメージは明るいが、十ばかりの個室に囲まれた中央のホールのテーブルには、幸子さんが一人座っているだけ。

「しゃくやく」のブロックは重度で寝たきりの方たちが多いから、ホールには出ていないと介護士さんから説明を受ける。

「今日はおひとりですか。皆さんお風呂かしら。」と幸子さんの隣に座って話しかける。

「どなたですか？」と不審げにするので、慌てて「北川です。この間ご一緒に新聞読ませていただいたでしょ。でもずっと来てなかったから。きまぐれ訪問ですものね。」

納得して静かに笑み返してくれる時は、そのまま傍にいてもいいという許しだと、私もこの頃分るようになった。

自分の生存を預けている介護士さんのことは、常にその動きを目で追っているから、たとえ異動があって新しい人に替ってもちゃんと覚えている。

しかし、たまに来る家族や、ましてやボランティアなど最初から覚える気がないから、何度通っても初対面ということになる。

介護士さんへの強い信頼が、入所者たちの狭められた生活圏の中における命の執着そのものなのだ。


「もう朝ごはんお済みですか？　今日は何召し上がりましたか？」

「なんだったかしら。」

「ご飯と卵と煮物かしら。」

「そうね。」

「私も朝は毎日卵を食べるんですよ。栄養たっぷりですものね。」

「そうね。」

「果物は何がお好きなの。」

「何かしらね。」

「苺なんか食べやすくていいですね。赤くて柔らかいし。」

「そうね。」

私は傾聴ボランティアという名で訪ねているのだが、友人の話を聴くというより、大抵こちらからの話しかけを繰り返して、小さな答えを引き出すだけの作業に終始している。波打ち際の砂地を掘り続けているようなもどかしい疲れを感じる時もあるのだが、時々はっとするほど美しい桜貝のかけらを掘り当てて、彼らから体験の話など聞かせてもらえたりすることもあるから、この仕事は止められない。


東側の個室からひっきりなしに声が上がる。

ただの奇声のようでもあり、「お母さーん」と呼んでいるようにも聞こえる。

「あのお部屋に行っていいですか？」と介護士さんに許可を求める。

「行ってもいいけど、余りわからない人だからおしゃべりにならないよ」と言われたが、勝手に許可を取った気で、「安子さん」という名前の表示を確かめて入室する。

「おはようございます。北川です。ご機嫌いかがですか？」

しゃくやくではない、水仙のようにか細く美しい人が、うっすらと瞼を上げて見つめてくれる。

「『お母さん』てお嫁さんのことを呼んでいらっしゃったのかしら。」彼女が静かに目を閉じる。

「おしゃべりに来たのです。うるさいですか？」

少し言葉をおいて、黙って立っていると、またそーっと瞼が上がる。

ああ、私との会話が成立しているのだと、胸が詰まって来る。

「私がしゃべるから、安子さんもお話してね。」と促して、それから一人で、ゆっくりゆっくり話し続けた。

子供の時には、父の仕事の都合で何回も引越しして、お友達がたくさん変わったこと。百歳近い安子さんと私とは、年齢的に重なる子供時代があるから、話題には事欠かない。おやつが無くてお腹が空くと、伯父の菜園に入って、苺を盗み食いしたこと。裏の山に桑の実がなって、指先から、ブラウスの胸元まで真っ赤にして食べたこと。

静かに、静かに安子さんは聞いていていてくれる。

「そうだったわねぇ。」と相槌を打つようにソーッと瞼を上げて、話の続きを促してくれるのが良く分かる。

カラフルなイメージの湧く情景が、彼女の注意を引いているような気がして、私の思い出に残る色つきの情景を引っ張り出しては話し続ける。

秋になると青い空の下を赤とんぼが群れ飛んで、手を振るだけで指先にぶつかりそうだったこと。

私の住んでいた鵠沼の家は、波音が聞こえるほど海の近くにあったので、泳いだ後は水着のまま帰って、近所の子供たちと皆縁側に並んでスイカを食べては、種を飛ばしたこと。

いつの間にか安子さんは奇声を上げることを忘れている。そして静かに目を閉じている。

その間、私は話のポウズを取って黙って傍に立っているだけにする。と、そーっと瞼を上げ、私を見詰め、「それからどうしたの?」と問いかけてくるように思う。

問いかけたのではないかもしれないが、私には確かに彼女の問いかけが聞こえるのだ。

こんなに楽しく、こんなにスムースなおしゃべりは果てしがない。

いつの間にか、決められたボランティアの時間の終わりになる。

「安子さん、また来ますから待っててくださいね。」と自分勝手を責める思いで、別れを告げる。

安子さんはそーっと瞼を上げて私を見詰める。

彼女のイメージの中で、青い背景に赤とんぼが飛び回ったり、赤い苺がコロコロ転がって、彼女自身の記憶を呼び起こしてくれますように祈って、退室する。


家に戻っても興奮冷めやらず、スケッチブックを広げて、水仙や、苺や、青空の赤とんぼを描いてみる。

人と人との交わりについて、安子さんから教えられたことで、頭がいっぱいなのだ。

昨今、「一期一会」という言葉が大はやりだ。

この言葉は確立された自我と、侵されない他人とが、ある一点の時間と空間において、許しあうという意味で使われていると、私は解釈する。

しかし、人間のコミュニケーションはそんなに強い意識と了解がなければ成り立たないものではないと、今日私は美しい安子さんから教えられた。

すでに自我など消滅してしまったように見える二つの魂が、方向も定めず、自由に宇宙を羽ばたいて、重なり、滲んでゆくこともあるのだ。

そんなコミュニケーションを、言葉にしたらどう定義すべきかと考えて、頭の熱が治まらない。

この頃、日記の様に癖になっているスケッチブックを拡げる。

紅い苺としゃくやくの牡丹色の周りに、たっぷり水を含ませた筆で、青空色を塗り拡げる。ほの赤い輪郭とウルトラマリンの透明が、互いに溶け出し、滲み合って、柔らかい何色とも名付け難い色の画面が醸成されて行く。

美しい。そう、これなんだ。今日の安子さんと私。

相手に対してなにも主張しないけれど、生きている人間同士、魂と魂のコミュニケーションの形はこれなのだ。

時間軸では定義できないものの、自然と偶然に援けられて、命と命が溶け出して重なり合う。たぶん四次元の「一期一会」があるのだと、胸の底にすとんと落ちるものがあった。

16

午前中は自宅マンションの一斉メンテナンスがあって外出できなかったので、今日は初めて、午後二時からのボランティア訪問になる。

いつもとは違う雰囲気がホール全体に漂っている。

午前中は歯磨き検診、入浴、持病の治療など、皆忙しくて、中央の大テーブルは閑散としていることが多い。

今日は午後特有の赤みを帯びた黄色い陽光の中に、十人近い人たちが思い思いの方向を向いて座っていて、一瞬たじろいでしまう程の賑やかさだ。

と言っていつも食べ物を要求して叫び続けている綾子さん以外は誰も声を出してはいないのだが、皆一様に思いいっぱいの眼差しで、私には見えない何かと会話している。

介護士さんに「今日はどなたとお話したらいいですか？」とお伺いをたてる。

「そうねぇ。美和さんは今日ちょっと気分が落ち込んでいるから、前に話してた安藤さんはどうかしら。」とサジェスションをもらう。

早速傍らに座って、「こんにちは」と声をかける。

安藤さんとは以前からよく話をさせてもらった仲だが、耳が遠いこともあって、彼女の大いなる努力と、集中力の絞り込みがないと話が続かない。

「今日はお風呂に入ったから疲れてる。」という彼女に無理はさせられないので、黙って傍に座るだけにする。


車椅子で美和さんが近づいてきて、「歌うたって」と突然の注文が入る。

困った。何が不得手といって、何もかも不得手の私の能力の中で最たるものが歌唱力なのだ。

「困ったわ。私、歌えないのよ。」

「歌うたって。」と美和さんの注文が性急になってくる。

「じゃぁインチキでも我慢してね。」と断わって歌ってみる。

部屋は静かだが、耳の遠い人たちのために音程の外れた声を張り上げる。

「かーらーすー　なぜなくのー　――――かーわーいい　子があるかーらーよー」

うまくいった。美和さんが「上手だねぇー」と褒めてくれた。

きっと昔は女優だったのじゃないかと思われる素晴らしく大きな美しい目を見開いて美和さんがほめてくれるのだから、私も張り切らねばならない。

終わるとすぐ「歌うたって」と来る。

又からすだ。今度は最初から美和さんが大声で唱和してくれた。

からすの歌の二番はなんだっけと頭をフル回転させるが、私もこの頃忘れっぽくなっていて、何もかも思い出せないことばかりで後が続かない。

えいやっと「かわいー　かわいーと　からすはなくのー　ラーララー　ラーララーとなくんだよー」とやっつけた。

美和さんも一緒に「ラーララー　ラーララー」と歌ってくれる。

ラーララーで良いなら楽なもんだ。

終わるとまたすぐ「歌うたって」と注文が入るが、気が楽になって歌い続ける。

「海行かばー」とか「春のうらーらーの隅田川」「海は広いーなー大きいなー」「赤い靴は

いてたー女の子ー」とか。

私と美和さんが歌い続けている間も私の後ろではいつものように綾子さんが、「コーヒーくださーい、おやつくださーい」と叫び続ける。

その度に、「まだおやつの時間ではないからね。」と介護士さんは無機質に答えるが、明確な意思を持って要求を突き続けられると、それを拒絶する度にきっと介護士さんの胸はちょっとずつ傷ついてゆくのだろうと、改めて介護士という職業の厳しさを思う。

声に出しては何も要求していなくても、車椅子から身を乗り出すようにして険しい目つきで介護士さんを睨み続ける篤子さんのような人もいるのだ。


うるさい部屋になってしまって、介護士さんに時々「すみません」と謝るが、彼らは自分たちの仕事に手いっぱいで放っておいてくれる。

「おやつくださーい。」と大声でわめく綾子さんの叫びを伴奏にして三十分も歌い続ける。

美和さん相手に何とか歌から会話に切り替えようと、「この歌にはいろんな思い出がありますよねー。戦争中の歌ですものね。美和さんにはどんな思い出があるんですか？」と言葉巧みに試みても、「歌うたわないんですか？」と迫ってきて止めどがない。

昔、歌で困ったことがあったのを思い出した。

夫と婚約中だった。

義父が危篤状態だから会いに来るようにとのことで、夫に連れられて初めて彼の実家を訪ねた。

夫との結婚には紆余曲折があって、夫の家族は全員賛成ではなかったのだが、危篤の義父に会わせるというのは結婚を認めるという意思表示だから、私は緊張の極みにあった。

自宅の暗い寝室に仰臥している義父とは初対面だったが、もう生きている人の顔ではなかった。

夫が私を紹介した時、その人が突然目を開いて、「賛美歌を歌ってください。」と言ったのだ。

私はミッション大学を出ていたが、私自身クリスチャンでもなし、何しろ結婚反対の義母や小姑たちがそろって私を見詰めている場面だ。

今なら平気で「ラーララー　ラーララー」で切り抜ける性太の私だが、その頃は二十歳をいくつも出ていない小娘なのだから、知っている讃美歌でさえも歌詞やメロディーが浮かんでこない。

夫が「危篤の人だから歌ってやってよ」と促すが、大体、夫の実家自体クリスチャンでもなんでもないのだ。

クリスチャンだったらこっちにも用意があったのだしと、遂に最後まで「すみません、歌を知りません。」ともじもじを押し通して、窮地を切り抜けた。

死に旅立とうとしている人の願いを拒んだことは一生の悔いになった。

義父はその週のうちに亡くなった。


まだ十一月に入ったばかりなのに、ホームの各所にはクリスマスの飾りつけがされている。楽しいこと、華やかなことは一日でも早く先取りして、ホームを賑わせようとの所員全員の心配りだ。

思い出に浸っている間も与えずに、美和さんが「うたわないんですか?」と迫ってくる。

「そうだ、クリスマスの歌にしましょうか?」と言ってみる。

といっても歌を思い出したわけではないが、もうすっかり度胸がついている。

「ジングルベール　ラーララララー」で一曲やっつける。

次に「サーイレントナーイ　ホーリーナーイ」とうたい出した時だ。美和さんが「きーよしー　こーの夜ー」と合わせてきた。

「ああ、歌詞分るんですね。ホームでクリスマスの歌を練習してるのね。私に教えてください。私はちゃんと歌えないから。」と。

「じゃ始めからね。きーよーしー　この夜ー　星はー光り」と歌った時だ。

急に後ろから「星はー　光りー」と二つの声が上がった。

振り向くと、「おやつください綾子さん」と「険しい目篤子さん」ではないか。

美和さんとこの二人の主導で「清しこの夜　星は光り　救いの御子は　御母の胸に眠り給う　夢安く」と最後まで立派に歌えた。

もう一回始めから、今度は全員の顔が見える位置に椅子をずらして、「きーよーしー」と歌う。

声を出せない人たちもしっかり私を見つめて、一緒に歌っているように見える。

誰に強いられたのでもない、心からの讃ぎ歌の真ん中に、その時聖母マリアが立ち現れる。

そしてそこにいる全員がいつの間にかマリアになっている。

続けて三回、四回とマリアへの讃歌を歌う。こんなに素晴らしいクリスマスを私は迎えたことがない。ミッションスクール時代も、夫や子供たちと楽しんだ聖夜も、クリスマスはただの行事に過ぎなかった。

胸がいっぱいになって、自然に涙が溢れて来た。

他から見たら、その時、きっと私もマリアになっていたに違いない。きっと。

部屋いっぱいに天使たちの声が満ちる。

〝聖し　この夜　星は光り
　救いの御子は　御母の胸に
　　眠り給う　夢安く　アーメン〟

再認識されるべき生の賛歌

今村 淳

本書の著者である北川洋子さんには数年前から親しくして頂いている。私が担当しているアートクラスにいらっしゃったのがきっかけである。当時は水彩画を精力的に描いておられ、旅先でのスケッチが中心だった。いつもご自分の画力を謙遜されていたが、その背後にある強さを感じていた。今年から油画へと転向された。水彩より油画の方が向いていらっしゃるのではと秘かに思っていたので喜ばしい。これまでの水彩技法を継承されたタッチで描かれた画面は、肉厚さと艶やかさが増し、スケッチを超えて「絵」になった。

さて、本書について。初期の草稿は読ませて頂いていたが、執筆中に描かれた絵画を含む完成版を拝読（拝見）して一言。北川さんの「しなやかなる」生をしっかりと感じ取った。高齢者のホームが舞台となるストーリーは、そこでの著者のボランティア活動が源泉になっている。まだまだ現役で会社勤務されているご自身とほぼ同年代の入居者の方々との交流は、たいへん興味深く深淵だ。

なぜ、ご自身の著作三作目にここでの経験を取り上げられたのだろう。著者は、入居されている方々を「天使」のようだという。ここでの天使を人間を守護する神からの使者と捉えるならば合点がいく。人は年老いていく程「純化」されていくのだ。

本書で語られるストーリーは、加速する高齢化社会に発見された１００％純粋な人間のあり様である。それは、現代人にとってもっとも再認識されるべき生の賛歌にほかならない。北川さんは、その歌声を、編み込まれた絵画たちとの美しい共鳴を通して、われわれに気づかせてくれるのである。

あとがき

ひとり居が好き。

夫を亡くしてから、日常生活はひとり、内食、外食に限らずひとりで酒を飲み、旅もひとりを堪能する。

「淋しくないのか」と友人によく言われるが、気付いているか、いないかの差があるだけで、人は誰でも淋しさから成り立っていると思っている。

先ずはじめ、神の指先からひとりひとり、地球を目指してつららのように天からぶらさげられて生まれ出たと思っている。

子供のころは地球の花や水に反射してきらきら輝くのを、自分自身の彩りと勘違いしてはしゃいでいた。

成人してからは隣のつららとぶつかりっこしながら、その音の賑わしさに踊り跳ねていた。

年を取るにしたがってつららは長くなり、その重たさにしんと静まってただ垂れるばかり。

しかし最初からずっと人生の芯のところは氷点下の冷たさで、本質的には淋しさを抱えて伸びてきたのだと、今は思う。

そんなふうに思い定めて、老いるということは自分の冷たさに毅然と立ち向かい、ただ堪えるだけの時間と覚悟してきた。

堪える力を得るためにせめてもの華やぎを添えようと、絵を描いたり、旅をしたり、酒を飲む。

老人ホームでのボランティアを始めたのも、動機はその一環だった。

しかし、私は訪れたホームの人たちから新しい気付きを教わる。

地球上に満ちる外部からの音や光で輝いていたつらら達が、年を重ね外からの刺激をすっかり霧消して後、自らの芯の冷たいところからすき透って、すき透って、真実に輝き出す瞬間に度々巡り遭うのだ。

淋しさそのものが昇華して行く過程。

それこそが生まれる以前の神の手に戻る手順だと教えられる。


新しい気付きと美しい時間をくださったホームの沢山の老友人達に心からの敬意と感謝をおくります。

エッセイの挿画としてではなく「北川さんの世界を色にしてみなさい」と勇気をくださった今村淳画伯、勝手な思い込みかもしれないと思いつつ書き継いでいる私を励ましてくださった冬花社の本多順子氏、お二人には言葉に尽くせぬ「ありがとう」の思いを贈らせていただきます。

二〇一八年夏の終わりに

北川　洋子

北川洋子

1934年8月	名古屋に生まれる。
1945年8月	母の姉を頼って神奈川県藤沢市の鵠沼海岸に疎開。
1946年5月	父が中支より復員し、（株）月島倉庫を興す。 東京都杉並区永福町に転居。
1957年	聖心女子大学英文科卒業。 英語より哲学に興味を持ち読書に耽る。
1961年2月	北川保と結婚。杉並区阿佐ヶ谷に住む。 二子をもうける。
1969年	小学生になった娘と一緒に古川竹世氏に油絵の手ほどきを受ける。
1976年4月	福祉法人ISSに勤務。難民救済事業団の会計事務員となる。
1981年3月	横浜市栄区に転居。 月島倉庫（株）に入社。
1994年6月	夫、保没。社長だった夫のあとをうけて三代目社長となる。
2012年6月	社長を辞して会長となる。 今村淳画伯の指導で水彩、油彩をはじめる。
2016年4月	初めての小説『ひまわりごっこ』を冬花社より出版。
2017年6月	会長を辞して最高顧問となる。
2017年7月	娘の住まい近くの東京都杉並区荻窪のマンションに転居。
2017年9月	近くの特別養護老人ホームで週一回二時間の傾聴ボランティアを始める。

天使の村に迷い込んで

発行日　二〇一九年一月二十日
著者　北川洋子
発行者　本多順子
発行所　株式会社 冬花社
〒二四八－〇〇一三 鎌倉市材木座四－五－六
電話：〇四六七－二三－九九七三
FAX：〇四六七－二三－九九七四
http://www.toukasha.com
印刷・製本　精興社

ISBN978-4-908004-31-5